TIME FOR KIDS

Caballos de cerca

Christopher Blazeman

Asesor

Timothy Rasinski, Ph.D.
Kent State University

Créditos

Dona Herweck Rice, *Gerente de redacción*
Robin Erickson, *Directora de diseño y producción*
Lee Aucoin, *Directora creativa*
Conni Medina, M.A.Ed., *Directora editorial*
Ericka Paz, *Editora asistente*
Stephanie Reid, *Editora de fotos*
Rachelle Cracchiolo, M.S.Ed., *Editora comercial*

Créditos de las imágenes

Cover & p.1 E. Spek/Dreamstime; p.3 Alexia Khruscheva/Shutterstock; p.4–5 Alexia Khruscheva/Shutterstock; p.6 Mary Morgan/iStockphoto; p.7 Julia Remezova/Shutterstock; p.8 Tim Platt/Getty Images; p.9 top: Margo Harrison/Shutterstock; p.9 bottom: Pirita/Shutterstock; p.10 top: Mariait/Shutterstock; p.10 bottom: RonTech2000/iStockphoto; p.10 Schweinpriester/Shutterstock; p10 Agata Dorobek/Shutterstock; p.11 left: Patryk Kosmider/Shutterstock; p.11 right: Erik Lam/Shutterstock; p.12 top: Cindy Singleton/iStockphoto; p.12 bottom: JUAN SILVA/iStockphoto; p.13 AFP/Getty Images/Newscom; p.14 Cynoclub/Shutterstock; p.15 Andreas Meyer/Shutterstock; p.16 Schweinepriester/Shutterstock; p.16 Zuzule/Shutterstock; p.17 top: Paul Maguire/Shutterstock; p.17 bottom: Karel Gallas/Shutterstock; p.18 top: Lucian Coman/Dreamstime; p.18 bottom: 1000 Words/Shutterstock; p.19 Auremar/Shutterstock; p.20 Abramova Kseniya/Shutterstock; p.21 Rita Januskeviciute/Shutterstock; p.22 left: Jaquez/Shutterstock; p.22 right: Dee Hunter/Shutterstock; p.23 top: Eric Hood/iStockphoto; p.23 bottom: Marekuliasz/Shutterstock; p.24 left: David Burrows/Shutterstock; p.24 Tomas Hajek/Dreamstime; p.25 top: Margo Harrison/Shutterstock; p.25 bottom: Burbank, E.A. (Elbridge Ayer); p.26 top: Alexandru Magurean/iStockphoto; p.26 bottom: Jim Parkin/Shutterstock; p.27 Groomee/Shutterstock

Basado en los escritos de *TIME For Kids.*

Teacher Created Materials
5301 Oceanus Drive
Huntington Beach, CA 92649-1030
http://www.tcmpub.com

ISBN 978-1-4333-4444-2

Tabla de contenido

Si fueras un caballo................ 4

Todo acerca de los caballos... 8

Cómo viven los caballos...... 16

Caballos trabajadores.......... 24

Glosario.................................. 28

Si fueras un caballo

¿Alguna vez has deseado ser un caballo?

Si fueras un caballo, correrías como el viento.

Tendrías una larga cola y una **crin** abundante.

Serías fuerte y veloz.

¡Qué maravilloso sería ser un caballo!

Todo acerca de los caballos

Los caballos son animales hermosos con fuertes músculos. Un caballo puede transportar sin problemas a una persona sobre su espalda.

Las poderosas piernas del caballo le permiten correr grandes distancias y saltar muy alto. ¡Algunos caballos pueden correr más de 50 millas por hora!

Los caballos son rápidos. De hecho, son unos de los animales más rápidos del mundo. A muchas personas les gusta ver carreras de caballos y adivinar cuál caballo ganará.

Hay caballos de muchos colores. Pueden ser negros, blancos, marrones, grises, colorados, amarillos y más. En ocasiones son de dos o tres colores.

Una mancha blanca por encima del nivel de los ojos se llama estrella. Una mancha blanca entre los ojos y la nariz se llama cordón.

¿Sabías que la cebra es un tipo de caballo?

Algunos caballos tienen manchas, otros tienen rayas. Algunos tienen manchas y rayas y otros no tienen nada.

Los caballos pueden ser altos o bajos. Muchos caballos son más altos que las personas, pero algunos son muy pequeños.

Algunos caballos miniatura son entrenados para ayudar a personas ciegas. Son como perros guía.

¡Un caballo miniatura puede medir tan solo 2 pies de altura!

Sea cual sea su tamaño, todos los caballos tienen las mismas partes del cuerpo. Se llaman puntos. Hay aquí algunos de los puntos de un caballo.

Las patas de los caballos tienen un solo dedo, cubierto por un **casco** duro como hueso. Las herraduras protegen el casco.

El **hocico** está formado por la quijada y la nariz del caballo. La **cruz** es la parte del lomo entre los hombros del caballo.

Cómo viven los caballos

Hay caballos en todo el mundo. Los caballos salvajes viven en las llanuras.

Los caballos domesticados viven en campos, establos y corrales.

Los caballos son muy activos y por eso comen mucho. Se alimentan de plantas.

Lo que más les gusta son los pastos, los granos y las golosinas, como manzanas y terrones de azúcar.

En los Estados Unidos hay siete millones de caballos.

Un **semental** es un caballo macho. La hembra es la **yegua**. Los caballos recién nacidos se llaman potros si son machos y potras si son hembras. Todos los caballos recién nacidos se llaman **potrillos**.

Una yegua amamanta a su potrillo para alimentarlo. Siempre lo mantiene cerca de ella mientras crece.

La yegua también protege al potrillo. Si hay algún peligro, pateará y morderá todo lo que pueda dañar a su cría.

Los ojos del caballo están situados a los lados de la cabeza. Esto le permite ver casi todo lo que hay alrededor sin tener que girar la cabeza. También, puede ver dos cosas distintas al mismo tiempo, pues cada ojo ve algo diferente.

Lo que un caballo no puede ver ¡es lo que está frente a su nariz! Por lo tanto, un caballo no puede ver lo que come.

Caballos trabajadores

Los caballos han ayudado a los seres humanos durante miles de años. Nos facilitan la vida haciendo las tareas pesadas.

Los indios Nez Perce de la antigüedad fueron los mejores jinetes y criadores de caballos de los Estados Unidos.

Un jefe Nez Perce

Algunos caballos tiran de carros y maquinaria de granja. Otros trabajan para la policía. Unos trabajan en el circo. Otros ayudan a los vaqueros a cruzar las praderas.

A lo largo de la historia, los humanos han necesitado la ayuda de los caballos.

Algunas personas aseguran que el perro es el mejor amigo del ser humano. Sin embargo, puede ser que el caballo sea aun más importante.

Glosario

casco

crin

cruz

hocico

potrillo

semental

yegua